Mi primer libro de

dinosaurios

y otras criaturas prehistóricas

Todo lo que quieres saber de
tus dinosaurios preferidos

Escrito por: Dr. Dean Lomax
Ilustrado por: Jean Claude, Kaja Kajfež,
Marc Pattenden, Sara Ugolotti

Contenidos

Era cenozoica

Mamíferos

Los mamíferos son animales de sangre caliente que tienen **pelo** y amamantan a sus crías con **leche**.

Smilodon

Anfibios

Los anfibios son animales que viven tanto en el **agua** como en **tierra firme**.

Seymouria

Invertebrados

Son animales sin **columna vertebral**, como los insectos y los gusanos.

Opabinia

Árbol de la vida

El árbol de la vida muestra la **conexión** entre los animales y las plantas, tanto vivos como extintos. Cada rama representa un grupo de formas de vida **relacionadas** entre sí.

Spinosaurus

Reptiles

Tienen la piel cubierta de **escamas**. Los **primeros** aparecieron hace más de 300 millones de años.

Confuciusornis

Aves

Las aves son una clase de dinosaurios vivos que tienen **plumas** y ponen **huevos** de cáscara dura.

Lepidotes

Peces

Estos animales tienen **agallas** y viven siempre en el **agua**.

Archaeanthus

Plantas

La mayoría necesitan **luz del sol** y **agua** para crecer. Las terrestres aparecieron hace 500 millones de años.

Fósiles

Los fósiles son los restos o vestigios de organismos prehistóricos hallados en la **roca**. Nos muestran las **increíbles** criaturas y plantas que habitaron la Tierra en el pasado.

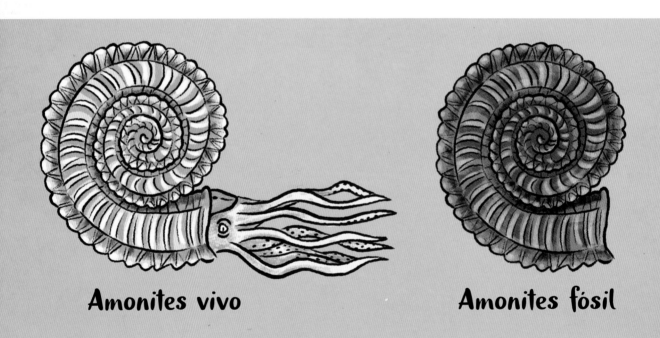

Amonites vivo   Amonites fósil

Animales convertidos en fósiles

A veces cuando un ser vivo muere, queda **sepultado** en el suelo. Tras millones de años, sus partes duras pueden transformarse en roca.

Tipos de fósiles

Fósiles corporales

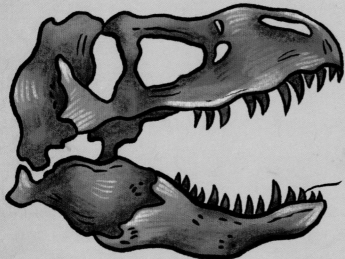

Son los restos de **partes** de un animal o una planta, como huesos, dientes, hojas y caparazones.

Los dientes de dinosaurio son uno de los fósiles corporales más corrientes.

Pistas fósiles

Las pistas fósiles o icnofósiles nos muestran los **hábitos** de animales prehistóricos. Incluyen huellas, madrigueras y heces fosilizadas.

Las huellas pueden decirnos lo rápido que se movía un animal.

Ámbar

Los insectos son los animales que más suelen encontrarse atrapados en el ámbar.

La criatura queda atrapada en la **resina** de un árbol. Al endurecerse, se transforma en ámbar y crea un fósil.

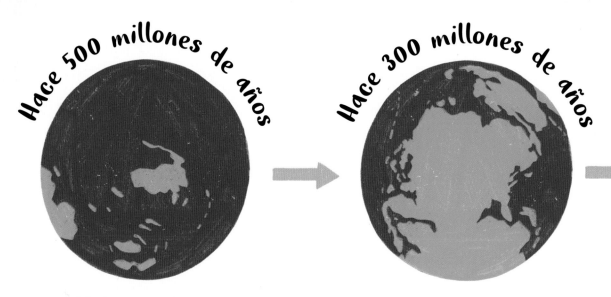

Hace 500 millones de años

Había muchos continentes pequeños y uno grande.

Hace 300 millones de años

Un continente enorme, llamado Pangea, se extendía de norte a sur.

Tierra cambiante

¡La Tierra tiene más de 4000 millones de años! En todo ese tiempo, los fragmentos de tierra llamados **continentes** han cambiado de forma y de posición, y océanos enteros han aparecido y **desaparecido**.

Hace 120 millones de años

Los continentes se dividieron y se separaron. Se parecían más a como son ahora.

Hoy

Hoy hay siete continentes en el mundo.

El puzle de la Tierra

La superficie de la Tierra es como un **puzle** gigante. Las piezas encajan, pero se van moviendo, y por eso la tierra y el mar que hay encima también se mueven.

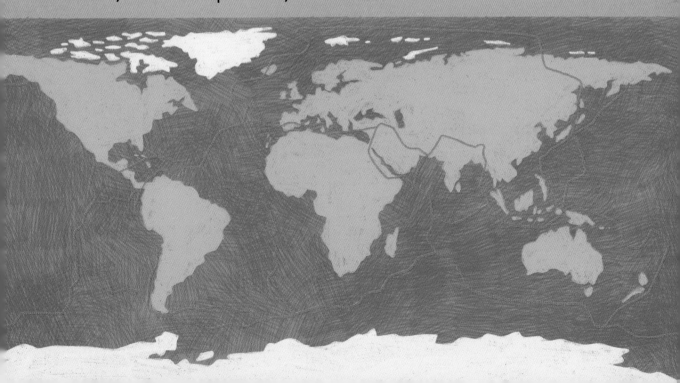

Era paleozoica

Periodo cámbrico

Hace 541-485 MA

Paleozoico significa «vida antigua».

Periodo silúrico

Hace 444-419 MA

Periodo ordovícico

Hace 485-444 MA

MA: millones de años

El Paleozoico fue una larga etapa dividida en seis **periodos**. Fue una era **llena** de vida en la que aparecieron en el agua los primeros animales con columna vertebral.

Periodo carbonífero

Hace 359-299 MA

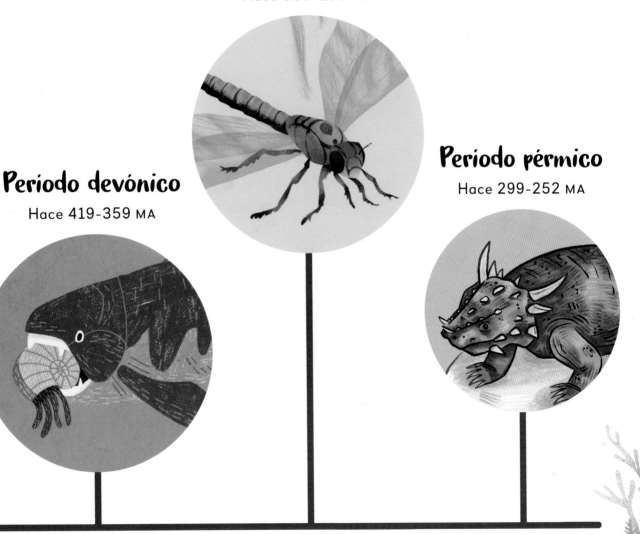

Periodo devónico

Hace 419-359 MA

Periodo pérmico

Hace 299-252 MA

Era mesozoica ▶

11

Fue uno de los primeros animales grandes.

Forma de hoja

Cuerpo largo y plano

Tallo

Charnia

Parece una planta, pero en realidad era un **animal**. Pasaba toda su vida anclado al lecho marino hace más de **500 millones** de años.

Dickinsonia

Este es uno de los animales **más antiguos** y enigmáticos que han existido. Era una misteriosa criatura de cuerpo flexible que tenía forma plana y redonda como una **tortita**.

Los científicos no se ponen de acuerdo sobre cuál era la parte **delantera** y cuál la **trasera** de este animal.

Un **surco** dividía el cuerpo en dos mitades.

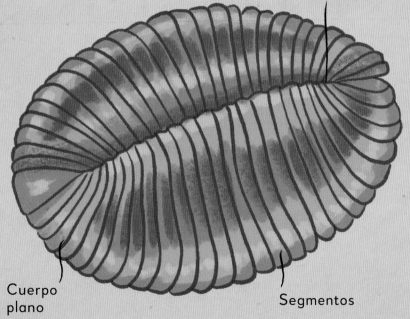

Cuerpo plano

Segmentos

Haikouichthys

El escurridizo Haikouichthys fue uno de los **primeros** animales con columna vertebral. Los científicos creen que debió de ser uno de los **primeros** peces o animales parecidos a peces que aparecieron.

Aletas

Tenía dos **ojos**, pero ni mandíbula ni dientes.

Usaban las **branquias** para respirar bajo el agua.

Caparazón
duro

Las huellas fósiles
muestran que algunos
se **arrastraron** fuera
del mar y llegaron a
tierra firme.

Antenas

Patas

Tenían tres partes:
la **cabeza**, el **cuerpo**
y la **cola**.

Elrathia

Era un tipo de **trilobite**. Los trilobites
eran parientes prehistóricos de las arañas
y los cangrejos. El Elrathia vivía en grupo y
se **desplazaba** por el lecho marino.

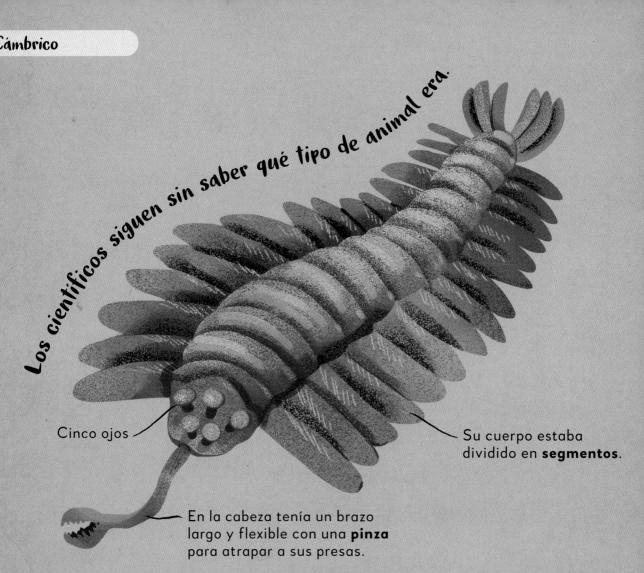

Los científicos siguen sin saber qué tipo de animal era.

Cinco ojos

Su cuerpo estaba dividido en **segmentos**.

En la cabeza tenía un brazo largo y flexible con una **pinza** para atrapar a sus presas.

Opabinia

Este curioso animal tenía **cinco** ojos en forma de seta en la parte superior de la cabeza. Nadaba **agitando** los laterales flexibles de su cuerpo.

Hallucigenia

Esta extraña criatura parecía una **salchicha** con 10 pares de patas. Cuando la encontraron, los científicos la pusieron del **revés** pensando que las espinas eran las patas.

Tenía **espinas** a lo largo de la espalda con las que debía de ahuyentar a los depredadores.

Cabeza

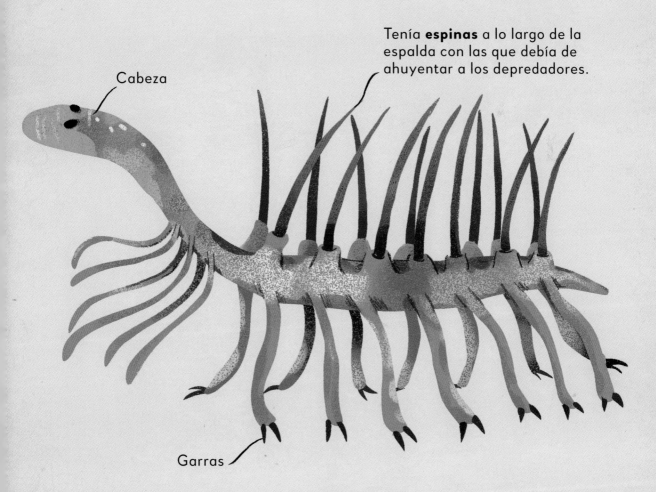

Garras

El mar cámbrico

Durante el Cámbrico, el mar estaba lleno de animales **raros** y **asombrosos**. Muchos tenían un cuerpo peculiar y algunos un caparazón duro.

Similar a un **cangrejo**, vivía cerca del suelo oceánico.

Marrella

Wiwaxia

El Wiwaxia tenía una armadura de placas y largas **espinas** para protegerse.

18

Anomalocaris

Esta extraña criatura era el principal **depredador** de los mares cámbricos.

Pikaia

Se parecía un poco a una **anguila** aplanada.

El Ottoia era un tipo de gusano que vivía en madrigueras.

Su **boca** tubular estaba cubierta de ganchos y espinas.

Ottoia

19

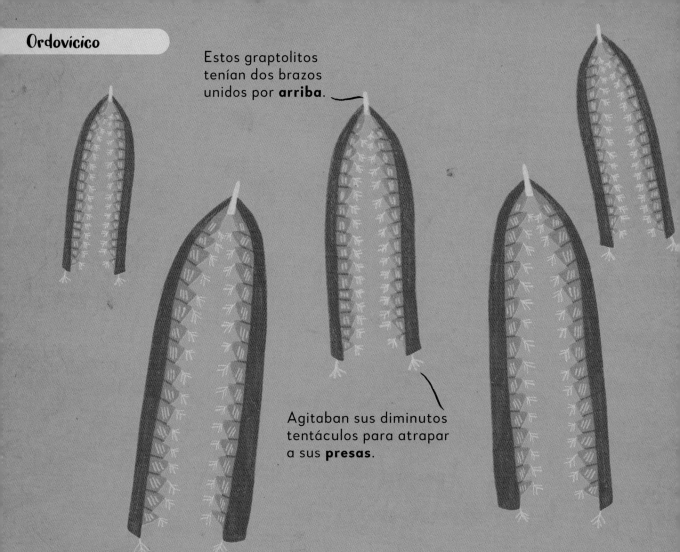

Estos graptolitos tenían dos brazos unidos por **arriba**.

Agitaban sus diminutos tentáculos para atrapar a sus **presas**.

Didymograptus

Esta criatura marina con forma de U era un **graptolito**. Su cuerpo estaba formado por un conjunto de animales **diminutos**. Cada uno construía una parte de uno de sus dos brazos.

Probablemente aspiraba el lodo del suelo marino y se **alimentaba** de los animalitos que filtraba.

Cuerpo estilizado

Escamas

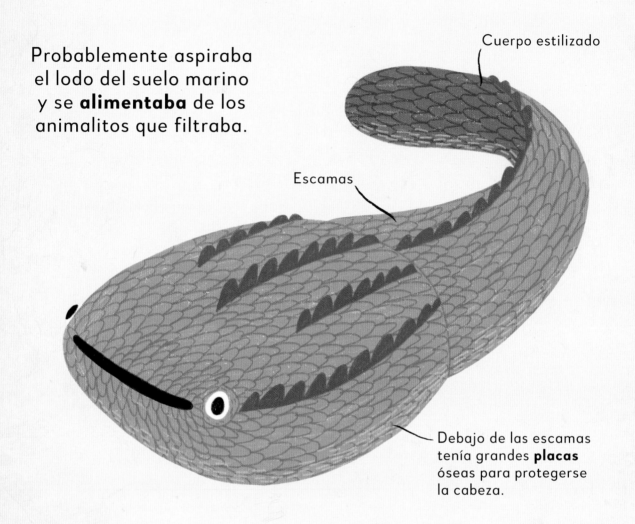

Debajo de las escamas tenía grandes **placas** óseas para protegerse la cabeza.

Astraspis

La piel de este pequeño pez estaba cubierta de **escamas** duras que lo protegían de los depredadores. Vivía cerca del lecho marino, a poca distancia de la costa.

Cooksonia

Fue una de las primeras **plantas** que hubo en **tierra firme**. Apareció hace más de 400 millones de años. No tenía hojas, flores ni raíces.

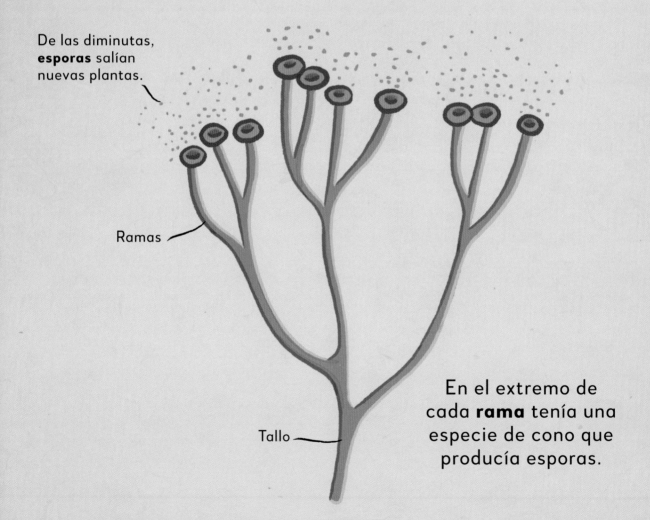

De las diminutas, **esporas** salían nuevas plantas.

Ramas

Tallo

En el extremo de cada **rama** tenía una especie de cono que producía esporas.

22

Eurypterus

Este animal se conoce como **escorpión marino**. Debe su nombre a la **afilada** aguja de su cola. Se impulsaba por el agua con las patas traseras.

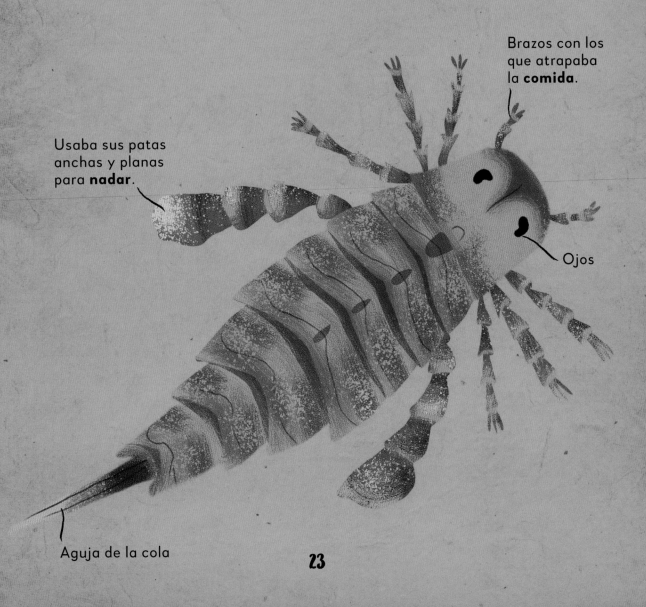

Brazos con los que atrapaba la **comida**.

Usaba sus patas anchas y planas para **nadar**.

Ojos

Aguja de la cola

Zenaspis

Este pez no tenía mandíbulas con las que morder, así que **sorbia** las presas del lecho marino. Tenía una coraza dura en la cabeza que lo **protegia** de los depredadores.

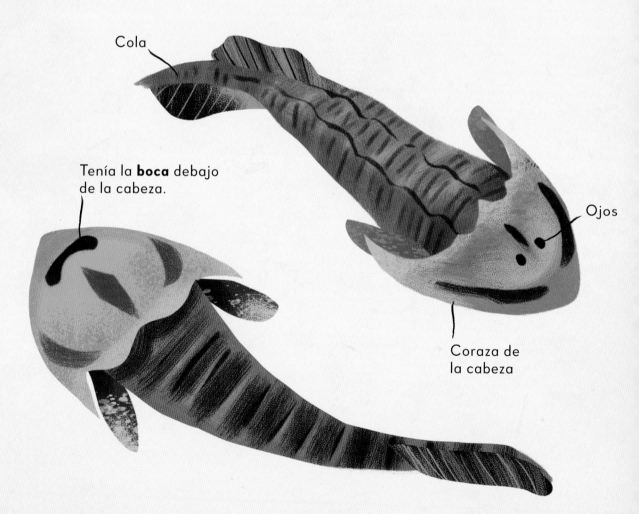

Cola

Tenía la **boca** debajo de la cabeza.

Ojos

Coraza de la cabeza

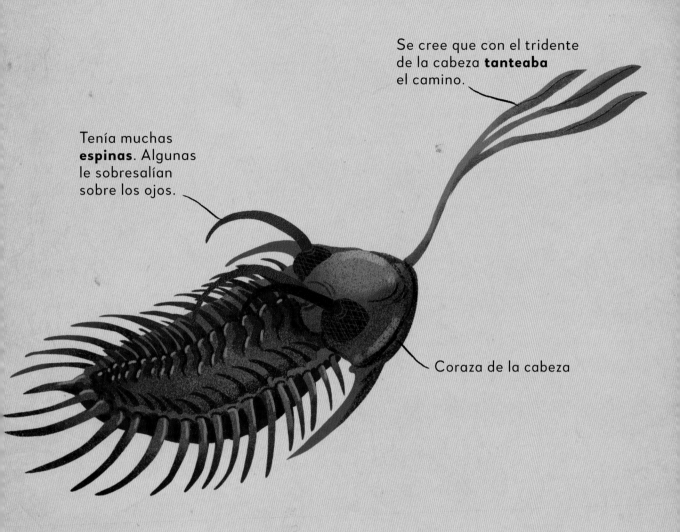

Se cree que con el tridente de la cabeza **tanteaba** el camino.

Tenía muchas **espinas**. Algunas le sobresalían sobre los ojos.

Coraza de la cabeza

Walliserops

Los **trilobites**, como el Walliserops, fueron los ancestros prehistóricos de los cangrejos, aunque parecían cochinillas. El walliserops tenía un peculiar **tridente**.

Se pasaba la vida fijado al **lecho marino** y atrapaba a sus presas con sus largos tentáculos.

Tentáculos

El caparazón estaba cubierto de **surcos**.

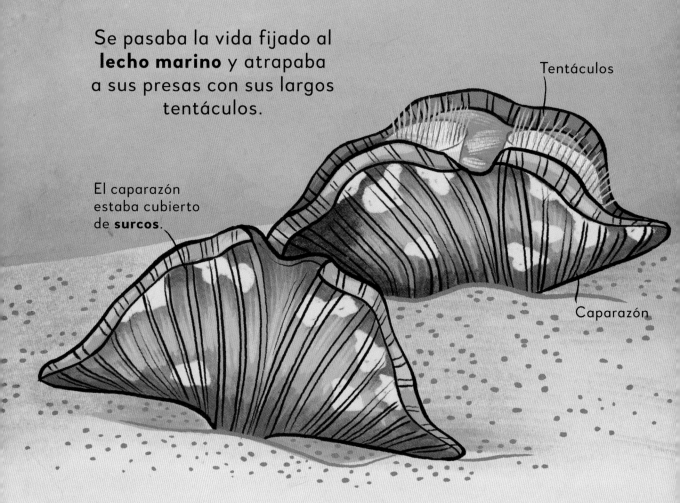

Caparazón

Mucrospirifer

Era un tipo de criatura marina llamado **braquiópodo**. Tenía un cuerpo blando protegido por un caparazón duro, también llamado **caparazón de mariposa**.

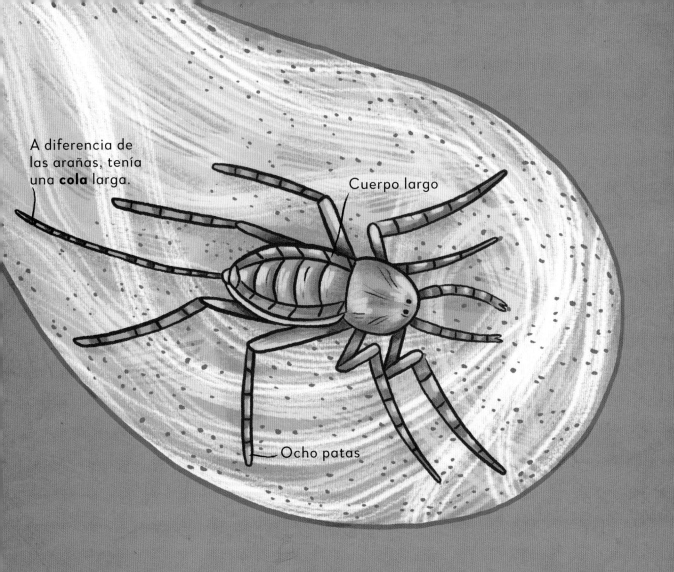

A diferencia de las arañas, tenía una **cola** larga.

Cuerpo largo

Ocho patas

Attercopus

Pariente cercano de las **arañas** que vivió hace unos 386 millones de años. Producía hilos de seda **elásticos**, pero no tejía telarañas.

Eusthenopteron

Este pez tenía unas **fuertes** aletas. Estaba emparentado con los primeros animales de cuatro patas, pero vivía en el **agua**, donde cazaba peces más pequeños.

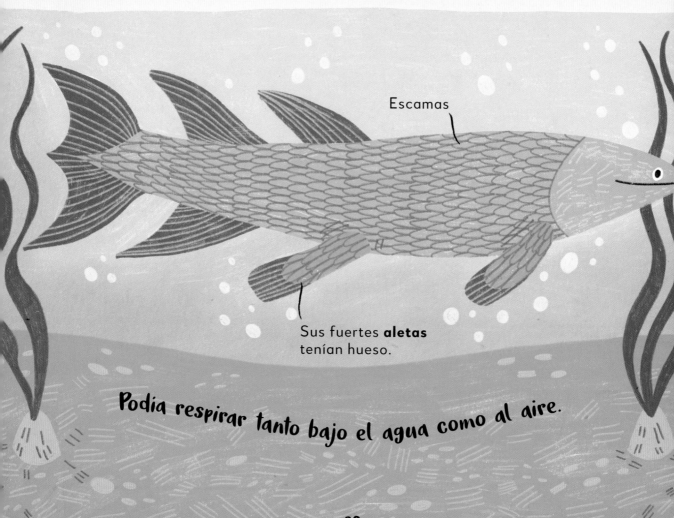

Escamas

Sus fuertes **aletas** tenían hueso.

Podía respirar tanto bajo el agua como al aire.

En vez de dientes, tenía unas placas óseas afiladas como cuchillas con las que podía **cortar** las presas por la mitad.

Cola vigorosa

Cabeza acorazada

¡Crac!

Huesos como cuchillas

Dunkleosteus

Era un **superdepredador** con una de las mordidas más potentes, así que era un pez **aterrador**. Una coraza le cubría la cabeza, el cuello y la mitad frontal del cuerpo.

Pantanos devónicos

Durante millones de años los animales grandes solo vivieron en el **agua**. Fue en un pantano del Devónico donde los primeros peces con aletas en forma de **patas** pasaron a tierra firme.

Este pez tenía dientes afilados. Vivía en el fondo de los pantanos y pillaba a sus presas por **sorpresa**.

Laccognathus

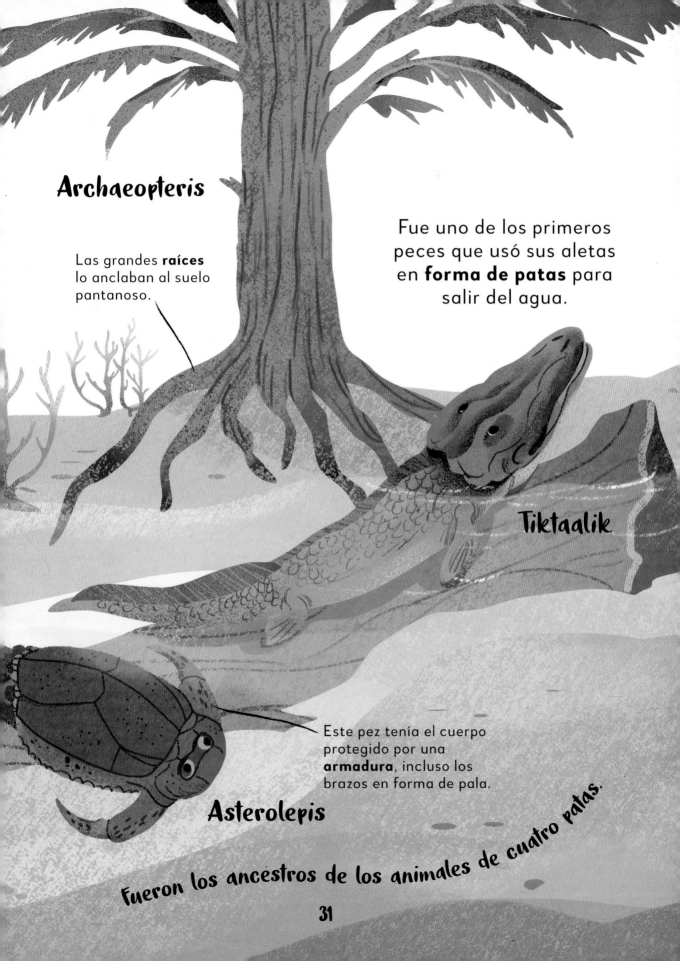

Archaeopteris

Las grandes **raíces** lo anclaban al suelo pantanoso.

Fue uno de los primeros peces que usó sus aletas en **forma de patas** para salir del agua.

Tiktaalik

Este pez tenía el cuerpo protegido por una **armadura**, incluso los brazos en forma de pala.

Asterolepis

Fueron los ancestros de los animales de cuatro patas.

Cuando nadaba por ríos y lagos, empleaba sus patas traseras como si fueran un **timón**.

Cola de pez

Brazos fuertes

El Ichthyostega tenía **siete dedos** en cada pie trasero.

Ichthyostega

Fue un **anfibio** primitivo. Pasaba la mayor parte del tiempo en el agua, pero podía desplazarse con sus **fuertes** brazos hasta tierra firme.

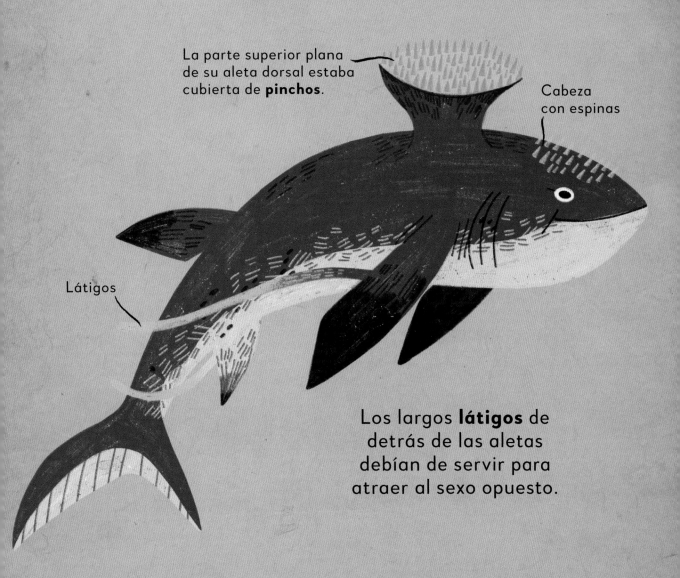

La parte superior plana de su aleta dorsal estaba cubierta de **pinchos**.

Cabeza con espinas

Látigos

Los largos **látigos** de detrás de las aletas debían de servir para atraer al sexo opuesto.

Stethacanthus

Este pez de aspecto estrafalario era un pariente lejano de los **tiburones**. Probablemente usara la aleta dorsal, con forma de **tabla de planchar**, para alardear frente a sus rivales.

Calamites

Eran unas plantas conocidas como cola de caballo. Formaban grandes **bosques** en zonas pantanosas y podían llegar a ser **más altas** que una casa.

Las **ramas** crecían en anillos alrededor del tronco.

34

Tronco recto

Una red con hasta 20 brazos **atrapaba** presas diminutas en el agua mientras la mecía la corriente.

Brazos plumosos para comer

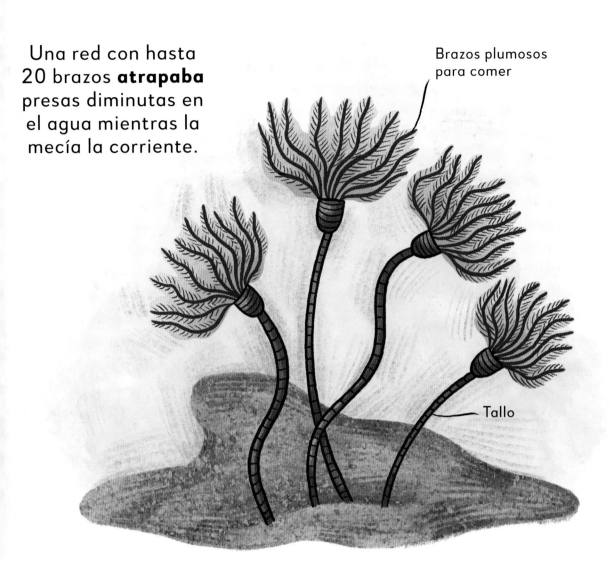

Tallo

Woodocrinus

Aunque pueda parecer una **flor** sobre un largo tallo, el Woodocrinus era un animal marino emparentado con la estrella de mar, un **crinoideo**.

Arthropleura

Este enorme animal era una especie de **milpiés** gigante que medía más de largo que un adulto humano de alto. Vivía en bosques **pantanosos** y se alimentaba de plantas.

Es el invertebrado más grande que ha vivido en tierra firme.

Cuerpo largo

Es posible que tuviera 120 **patas**.

Antenas

El Arthropleura era
tan grande que apenas
habría pasado por
una **puerta**.

37

Los insectos, como el Meganeura, fueron los **primeros** animales capaces de **volar**.

¡Fiuuu!

Ojos

Alas

Sus patas con pinchos terminaban en unas garras que usaba para **atrapar** a sus presas.

Meganeura

Del tamaño de una paloma, es el insecto **más grande** que ha existido jamás. Se parecía a una libélula y era un **veloz** depredador que atrapaba a sus presas en el aire.

Edaphosaurus

Este herbívoro parecido a un lagarto, en realidad fue un antepasado de los mamíferos. Tenía una enorme **vela** que podía absorber o liberar el calor, y le servía para regular la **temperatura** corporal.

Espinas

También usaba la vela con **espinas** para ahuyentar a los depredadores.

Cola

Era uno de los animales terrestres más grandes.

Dimetrodon

Este carnívoro fue el primer gran **depredador** terrestre. Se parece un poco a un dinosaurio, pero existió millones de años **antes** de que estos aparecieran.

Estaba más emparentado con los mamíferos que con los reptiles.

Usaba su enorme **vela** para exhibirse.

Dientes afilados

Cola larga

40

Seymouria

Fue un **anfibio** primitivo del tamaño de un perro. Tenía unos dientes finos y afilados que utilizaba para **atrapar** insectos y otras criaturas.

Pasaba la mayor parte de su vida en **tierra firme** y solo regresaba al agua para poner los huevos.

Cuello corto

Ponía los **huevos** en el agua.

Patas fuertes

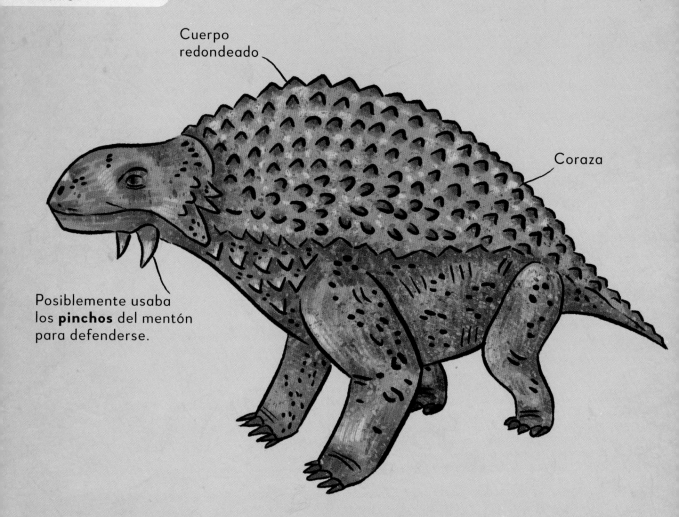

Cuerpo redondeado

Coraza

Posiblemente usaba los **pinchos** del mentón para defenderse.

Scutosaurus

Este **fornido** reptil herbívoro pesaba como una vaca. Tenía la piel **tachonada** de protuberancias óseas que lo protegían de los depredadores.

Elginia

Desplazándose cerca del suelo, buscaba plantas que llevarse a la boca. Debe su nombre a la ciudad escocesa de Elgin, porque fue allí donde se hallaron sus **fósiles**.

Los grandes **cuernos** hacían que a los depredadores les pareciese más aterrador.

Escamas

Patas cortas

Era mesozoica

Período triásico

Hace 252-201 MA

Mesozoico significa «vida intermedia».

Período jurásico

Hace 201-145 MA

MA: millones de años

◄ Era paleozoica

El Mesozoico abarca entre hace 252 y hace 66 millones de años. Se divide en tres **periodos**. En esta era, los **reptiles** dominaron la tierra, el mar y el aire.

Periodo cretácico

Hace 145-66 MA

Era cenozoica ▶

Nothosaurus

Este reptil marino **cazaba** sus presas en mares poco profundos, pero iba a tierra firme para dormir y descansar. **Atrapaba** los peces con sus afilados dientes.

Cuello largo

Dientes afilados

Usaba sus **pies palmeados** para nadar.

Cavaba en el suelo con su **hocico**.

Espalda acorazada

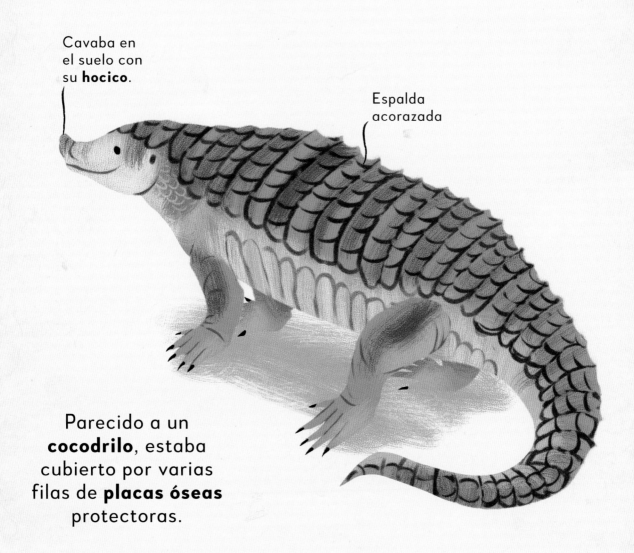

Parecido a un **cocodrilo**, estaba cubierto por varias filas de **placas óseas** protectoras.

Stagonolepis

Este **reptil** vivió hacia finales del Triásico. Era herbívoro y usaba sus fuertes brazos para **excavar** en busca de comida.

47

Zona aluvial triásica

Hace 230 millones de años, hubo **ríos** que se desbordaron e inundaron los terrenos circundantes. Estos espacios se llenaron de animales, entre ellos los primeros **dinosaurios**.

Herrerasaurus

El Herrerasaurus, el dinosaurio carnívoro **más grande** de su época, tenía garras y dientes afilados.

Saurosuchus

¡Este reptil, probablemente el principal **depredador** de su hábitat, cazaba dinosaurios!

48

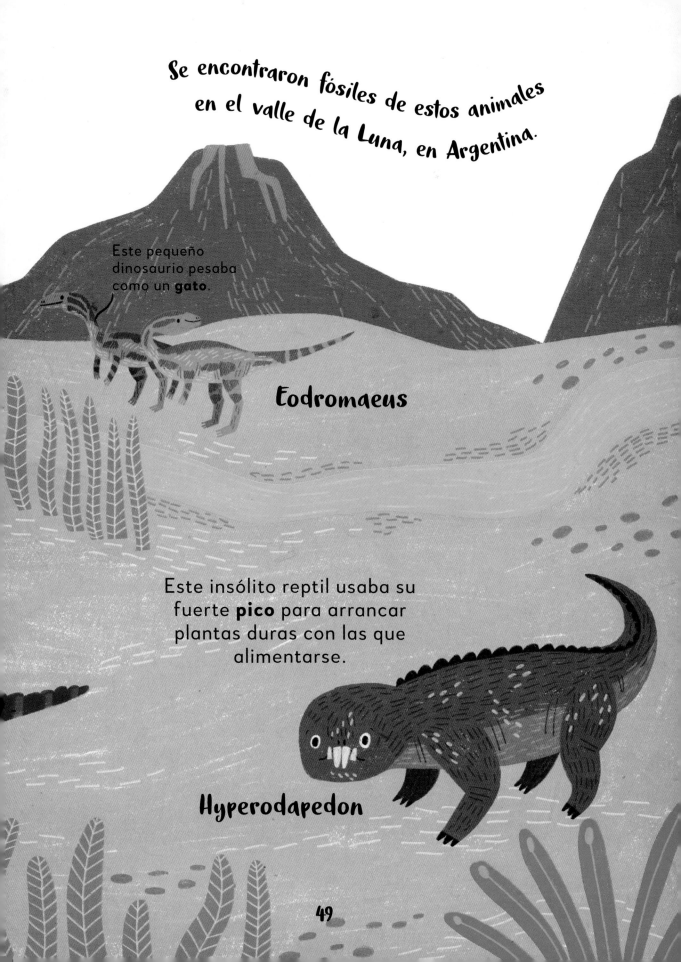

Se encontraron fósiles de estos animales en el valle de la Luna, en Argentina.

Este pequeño dinosaurio pesaba como un **gato**.

Eodromaeus

Este insólito reptil usaba su fuerte **pico** para arrancar plantas duras con las que alimentarse.

Hyperodapedon

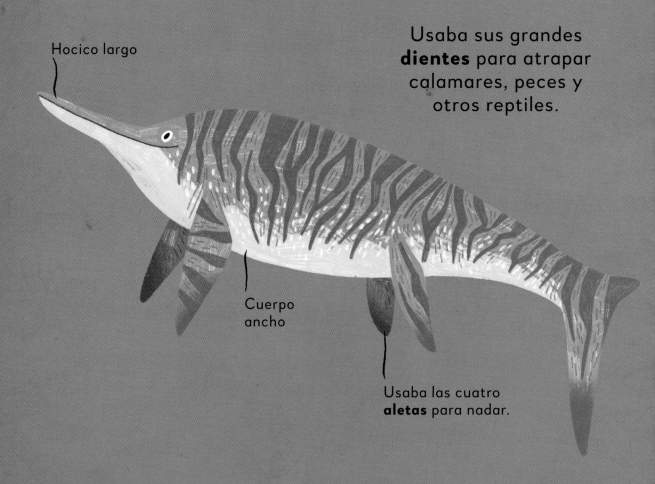

Hocico largo

Usaba sus grandes **dientes** para atrapar calamares, peces y otros reptiles.

Cuerpo ancho

Usaba las cuatro **aletas** para nadar.

Shonisaurus

El Shonisaurus fue un ictiosaurio, que eran unos reptiles marinos con largos hocicos. Era **enorme**, más largo que una **ballena** jorobada.

Eoraptor

El Eoraptor, que vivió hace aproximadamente 230 millones de años en lo que hoy conocemos como Argentina, es uno de los **primeros** dinosaurios de los que se tiene noticia. Tenía el tamaño aproximado de un **zorro**.

Cola

Garras

Patas largas

Fue uno de los principales depredadores del Triásico.

Cabeza enorme

Se desplazaba sobre las **patas** traseras.

Coelophysis

Este estilizado dinosaurio, que era **carnívoro**, cazaba tanto reptiles pequeños como peces. Era un veloz cazador y debía de vivir en **grupo**.

Postosuchus

Usaba la larga **cola** para mantener el equilibrio.

Esta temible criatura fue un pariente primitivo de los **cocodrilos**. Vivió junto a algunos de los primeros dinosaurios, de los que se **alimentaba**.

Los **fósiles** de Coelophysis están entre los restos de dinosaurio más corrientes del Triásico.

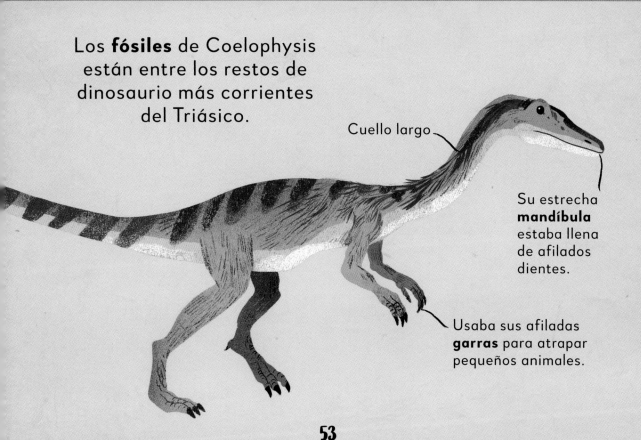

Cuello largo

Su estrecha **mandíbula** estaba llena de afilados dientes.

Usaba sus afiladas **garras** para atrapar pequeños animales.

53

Ichthyosaurus

Tiene un aspecto parecido a un delfín o un pez, pero era un **reptil marino** llamado **Ichthyosaurus**. Se propulsaba en el agua gracias a su potente cola.

Sus grandes **ojos** le ayudaban a localizar el alimento en las profundidades.

Atrapaba a sus presas con sus **dientes** afilados.

Usaba las **aletas** para dirigirse.

Fue **descubierto** hace más de 200 años. El estómago de muchos de sus fósiles incluye su **última** comida, a base de calamares y peces.

Dilophosaurus

Este dinosaurio fue **bautizado** como Dilophosaurus, que significa «lagarto con dos crestas», por las dos grandes crestas de la cabeza. Probablemente las usaba para **impresionar** al sexo opuesto.

Las **crestas** debían de ser de vivos colores.

Garras

Era como el doble de largo que un **caballo**.

56

Tenía la espalda cubierta de cerdas como las de un puerco espín.

Cola

Cerdas

Usaba los dos pares de **colmillos** de la parte delantera de su boca para defenderse y atacar.

Heterodontosaurus

Este dinosaurio con **cerdas** era atípico porque tenía distintos tipos de **dientes**. Eso demuestra que comía tanto plantas como animales.

Megazostrodon

Este pequeño mamífero se **escabullia** entre las patas de los dinosaurios. Evitaba convertirse en su **cena** ocultándose en árboles o en madrigueras.

El Megazostrodon probablemente dormía durante el día y salía por la noche.

Pelaje

Puede que pusiera **huevos** de cáscara correosa.

Dientes afilados

58

Cresta

Probablemente tenía algunas **plumas**.

Usaba la extraña **cresta** ósea de su cabeza para atraer al sexo opuesto.

Atrapaba a sus presas con las tres **garras** afiladas de las manos.

Cryolophosaurus

Fue uno de los dinosaurios carnívoros más grandes y **letales** de su época. Sus fósiles se han hallado en la **Antártida**.

Caparazón
en espiral

El gas de su caparazón
ayudaba al amonites a
flotar, y le permitía subir
y bajar en el agua como
un **submarino**.

Surcos del
caparazón

Brazos

Dactylioceras

Era un **amonites**, y tenía caparazón duro
en espiral, como el caracol, pero se parecía
al calamar. Tenía unos diez **brazos** que
movía para atrapar a sus presas.

Lepidotes

Era un pez corriente en los mares y lagos del Jurásico y el Cretácico. **Trituraba** los caparazones de pequeñas criaturas marinas con sus **dientes** duros y romos.

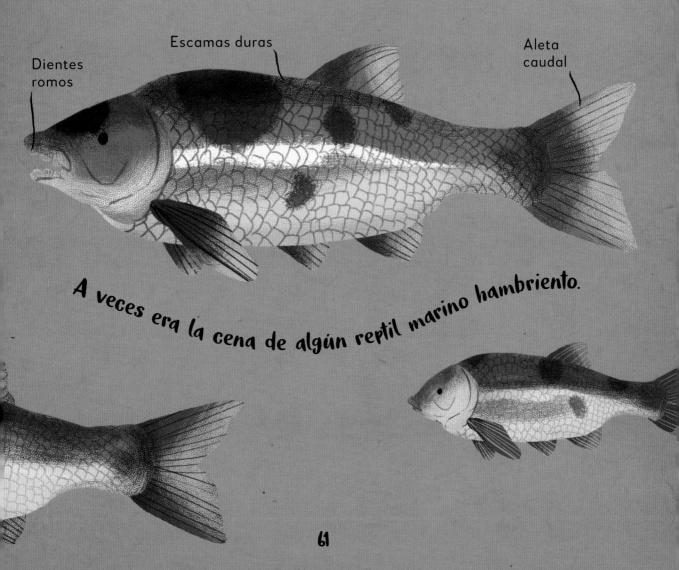

Dientes romos

Escamas duras

Aleta caudal

A veces era la cena de algún reptil marino hambriento.

Liopleurodon

Este **terrorífico** depredador era un enorme reptil marino. Gracias a su cuello corto y su gran mandíbula tenía una **potente** mordida.

El Cylindroteuthis tenía unos ocho **brazos** y dos tentáculos más largos.

Aletas como alas

Ojos grandes

Los belemnites, como los calamares, lanzaban chorros de **tinta** para escapar de los depredadores.

Orificios nasales

Dientes puntiagudos

Como reptil que era, tenía que salir a la superficie para poder **respirar**.

Usaba sus cuatro **aletas** para nadar.

Cylindroteuthis

Este animal era un **belemnite**, una criatura parecida a un calamar. Se alimentaba de peces, que se han encontrado incluso **enredados** en sus tentáculos fosilizados.

Tenía **plumas** en la cabeza, el cuerpo y los brazos.

Pico con dientes

Posiblemente podía planear de un árbol a otro con sus **alas**.

Plumas de la cola

Yi qi

¡Puede recordar un poco a un murciélago, pero el Yi qi era un dinosaurio con alas **membranosas**! Es el dinosaurio de nombre más **corto**.

Mamenchisaurus

El Mamenchisaurus era un dinosaurio enorme que **pesaba** como seis elefantes. Tenía uno de los cuellos más **largos** del reino animal.

Cabeza pequeña

Era un gran devorador de plantas. Tenía que **comer** mucho para mantener su nivel de energía.

Su largo **cuello** le permitía alcanzar las hojas de los árboles altos.

Cola larga

Este dinosaurio podía usar su larguísima cola como **arma** para ahuyentar a los carnívoros hambrientos.

¡El Diplodocus era más largo que dos autobuses!

Cola larga

Púas

Stegosaurus

Aunque comía plantas, el Stegosaurus daba miedo. Era tan grande como un elefante, y tenía grandes **placas** en la espalda y afiladas **púas** en la cola.

66

Cabeza pequeña

Diplodocus

Cuello largo

Este gigante era uno de los dinosaurios **más largos**. Comía plantas y utilizaba sus **dientes** para arrancar las hojas de los árboles.

Seguramente, sus grandes **placas** eran de colores brillantes.

El Stegosaurus blandía las cuatro púas de su cola para mantener alejados a los **depredadores**.

Protector del cuello

67

Islas jurásicas

Durante el Jurásico, en algunas zonas había muchas **islas** pequeñas en las que vivían toda clase de animales, al igual que en el mar cálido y poco **profundo** que las rodeaba.

El Pterodáctilo era un reptil volador. Este **pterosaurio** se lanzaba en picado para cazar peces.

Pterodáctilo

En las islas había algunos lagos con agua contaminada.

Era un cangrejo herradura. Algunos fósiles de Mesolimulus se han hallado junto a sus **huellas**.

Mesolimulus

El pterosaurio Rhamphorhynchus tenía una larga cola con una pequeña **vela** en el extremo.

Rhamphorhynchus

Fue uno de los primeros dinosaurios con aspecto de **pájaro**. Tenía plumas, alas y dientes.

Archaeopteryx

El Compsognathus era un **dinosaurio** pequeño que cazaba lagartos y otras criaturas.

Compsognathus

Brachiosaurus

Este **gigantesco** herbívoro, que medía el doble que una jirafa, fue uno de los dinosaurios de más altura. Llegaba a los árboles más **altos**.

¡Un Brachiosaurus adulto pesaba como **seis** elefantes! Necesitaba unas patas rectas y fuertes para sostener su enorme cuerpo.

El cuello de este dinosaurio medía unos 9 m de largo.

Wuerhosaurus

Pesaba el doble que un **rinoceronte** y estaba emparentado con el Stegosaurus. **Blandía** su cola para defenderse.

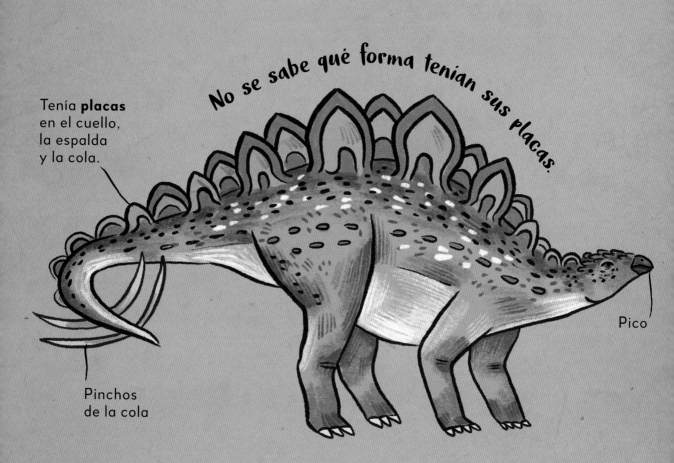

No se sabe qué forma tenían sus placas.

Tenía **placas** en el cuello, la espalda y la cola.

Pinchos de la cola

Pico

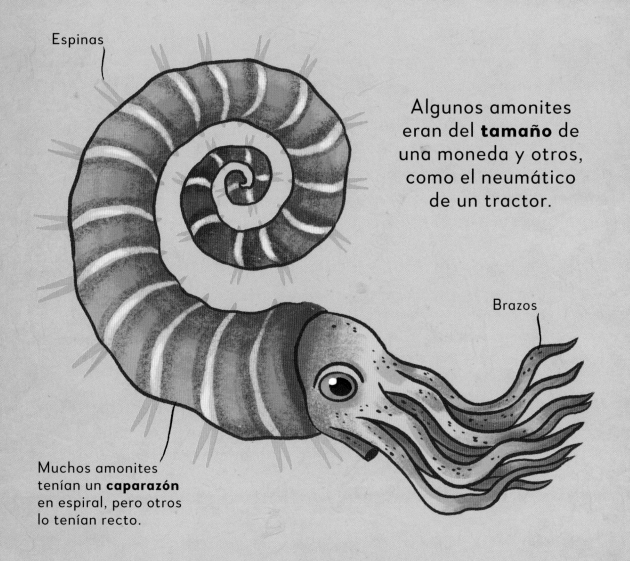

Espinas

Algunos amonites eran del **tamaño** de una moneda y otros, como el neumático de un tractor.

Brazos

Muchos amonites tenían un **caparazón** en espiral, pero otros lo tenían recto.

Crioceratites

Esta curiosa criatura enroscada parecía un calamar con caparazón, pero era un **amonites**. Las espinas eran su principal **arma** de defensa.

Polacanthus

El Polacanthus, **tachonado** de afilados pinchos y duras placas, era uno de los dinosaurios con más armas defensivas. Mantenía el abdomen **vulnerable** cerca del suelo.

Pinchos grandes

Tenía las **caderas** protegidas por una coraza ósea.

Con su **pico** dentado mordisqueaba las plantas.

Iguanodon

Este voluminoso herbívoro vivía en **manadas**. Tenía un pincho en el pulgar que usaba para coger plantas y **ahuyentar** a los depredadores.

Pico

Podía **desplazarse** a dos o a cuatro patas.

Su **hocico** era largo como el de un cocodrilo.

Garras curvas

Baryonyx

Fue uno de los carnívoros más **grandes** de su época. Su principal arma eran las **garras asesinas** de sus pulgares. Comía peces y, a veces, otros dinosaurios.

Mei

El Mei, del tamaño de una gallina y pariente del Velociraptor, tenía una garra asesina en cada pie. Su **nombre** completo, Mei long, significa «**dragón** profundamente dormido».

Cola con plumas

Alas

Algunos fósiles lo muestran en la postura que adoptaba para **dormir**.

Garra asesina

Bosque cretácico

Hace 125 millones de años, los bosques cretácicos rebosaban de **vida**. Los pequeños dinosaurios con plumas cazaban insectos y aparecieron los **primeros** mamíferos.

El Repenomamus, del tamaño de un tejón, fue el **mamífero** más grande que convivió con los dinosaurios.

Repenomamus

Este dinosaurio rojo y blanco tenía la cola **rayada**.

Sinosauropteryx

78

Este pequeño pájaro volaba por los bosques primitivos. Solo los machos tenían una larga **cola**.

Confuciusornis

Los Psittacosaurus jóvenes **cuidaban** de los más pequeños de la familia.

Psittacosaurus

+

Pterodaustro

No era ni un dinosaurio ni un pájaro, sino un tipo de reptil volador conocido como **pterosaurio**. Los pterosaurios fueron los primeros animales, además de los insectos, que aprendieron a **volar**.

Pasaba la mayor parte del tiempo en las **orillas** de lagos y ríos.

Pies palmeados

Alas grandes

Con su pico **dentado** recogía agua
y **filtraba** animales diminutos entre
sus largos dientes, de forma parecida
a los actuales flamencos.

Su pico tenía unos
mil **dientes** largos
como agujas.

Changmiania

Este pequeño dinosaurio herbívoro tenía el tamaño de una **gallina**. Era muy veloz y podía refugiarse rápidamente en su madriguera para **escapar** del peligro.

Fue descubierto acurrucado durmiendo.

Cavaba **madrigueras** subterráneas.

Hocico en forma de pala

Flor grande

Hojas en
forma de U

El Archaeanthus
era un sabroso
tentempié para
los dinosaurios
herbívoros.

Archaeanthus

Fue una de las primeras plantas con
flores. Está emparentada con el
tulípero actual y sus flores debían de
tener **vivos** colores.

Debe su nombre a la **localidad** de Muttaburra, en Australia, donde se encontró su fósil.

Saco nasal

Pico duro

Patas fuertes

Muttaburrasaurus

Este **fornido** dinosaurio era herbívoro. Parece que tenía un saquito en la nariz que podía **hinchar** como un globo para emitir sonidos más fuertes.

Argentinosaurus

Pesaba más que doce elefantes y era más largo que tres autobuses, así que era **enorme**. Estos grandes dinosaurios se conocen como **titanosaurios**.

Con su largo **cuello** podía alcanzar las hojas de los árboles.

Patas robustas

Sus **pies** delanteros no tenían garras.

¡Uno de los animales más grandes que ha habido en tierra firme!

La gran vela de su espalda hacía que fuera más aterrador.

Vela—

Su **hocico** de cocodrilo tenía muchos dientes afilados.

Tres garras grandes

Spinosaurus

Es el dinosaurio carnívoro más **grande** que se ha descubierto. Podía nadar usando su cola plana a modo de remo y cazaba peces grandes como **coches**.

Deinosuchus

Este pariente **gigante** del cocodrilo, cuatro veces más largo que un caballo, era un depredador letal. Esperaba pacientemente y luego **saltaba** sobre su presa.

Tenía una **mordida** más potente que la de cualquier animal vivo.

Dientes

Piel dura

¡Splash!

Maiasaura

Era un herbívoro que **anidaba** en grandes grupos. Ponía los huevos más o menos al mismo tiempo, así que todas las **crías** nacían a la vez.

Los recién nacidos no podían andar y permanecían en el **nido** por seguridad.

Maiasaura significa «lagarto buena madre».

Adulto

Los padres llevaban **comida** a sus crías y las vigilaban.

89

Euoplocephalus

Este dinosaurio acorazado era como un **tanque**. Su gruesa piel presentaba protuberancias óseas y **pinchos** con los que se protegía de los depredadores.

Pinchos

Cuerpo ancho

Porra de la cola

Blandia la porra para ahuyentar a sus enemigos.

Lambeosaurus

Este **voluminoso** herbívoro abultaba como un elefante. Tenía una cresta hueca en la cabeza que le debía permitir emitir **sonidos fuertes**.

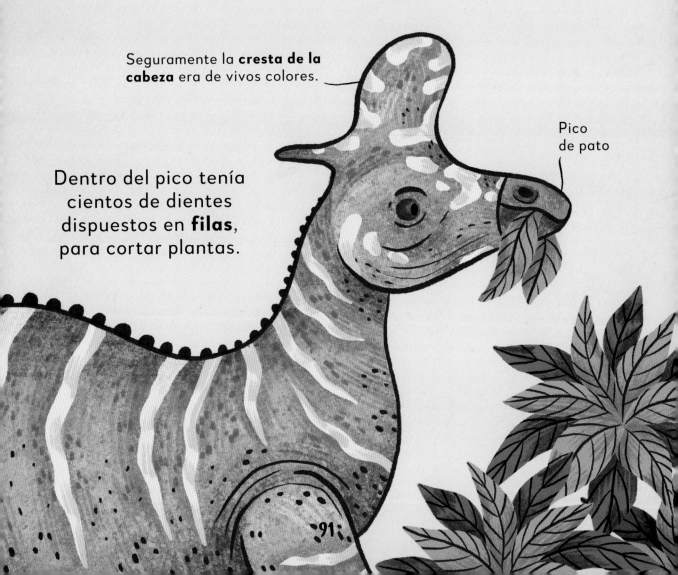

Seguramente la **cresta de la cabeza** era de vivos colores.

Pico de pato

Dentro del pico tenía cientos de dientes dispuestos en **filas**, para cortar plantas.

Las **plumas** mantenían el calor.

Dientes afilados

Mataba a las presas con sus grandes **garras**.

El Velociraptor seguramente vivía en **manadas**.

Velociraptor

Del tamaño de un **pavo**, podía correr muy rápido tras sus presas, incluidos otros dinosaurios pequeños. Aunque tenía **plumas**, no volaba.

92

Archelon

Con su caparazón del tamaño de un coche, fue la **tortuga** más grande de todos los tiempos. Usaba su afilado pico para **partir** calamares y medusas.

Aletas

Su caparazón era de **piel**, como el de la actual tortuga laúd.

Pico

Vivía en los mismos mares que los grandes **reptiles marinos**, y a veces era su cena.

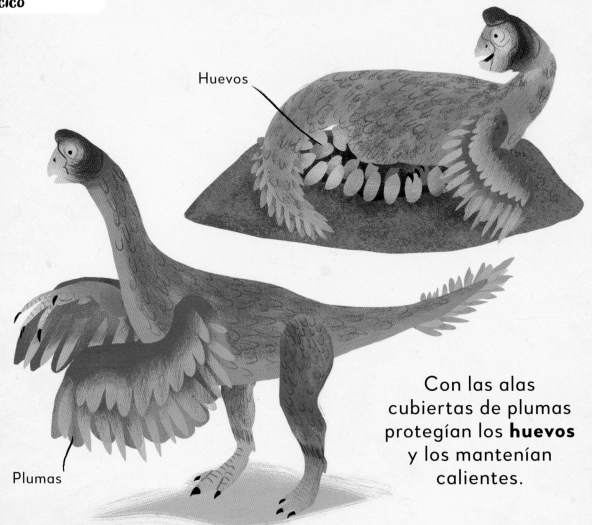

Huevos

Con las alas cubiertas de plumas protegían los **huevos** y los mantenían calientes.

Plumas

Citipati

Se han hallado fósiles de este dinosaurio **acurrucados** en nidos llenos de huevos. Los Citipati cuidaban de sus huevos como las **aves** actuales.

Albertonectes

Este reptil marino **surcaba** los océanos. Su cuello era tres veces más largo que el de una jirafa y atacaba los bancos de **peces** en busca de presas.

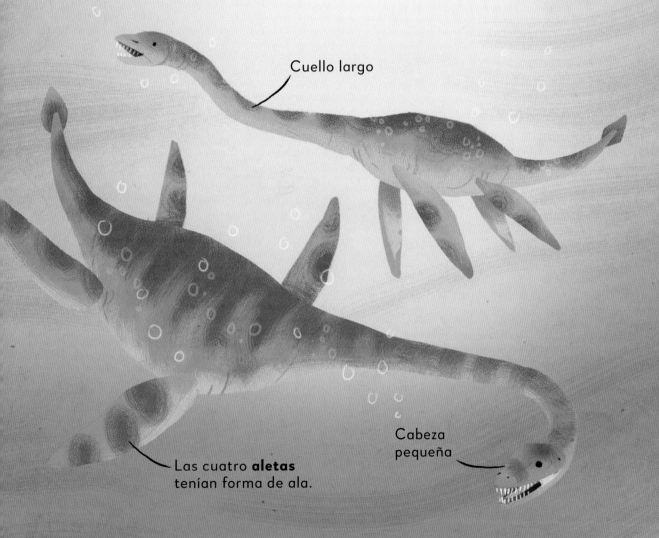

Cuello largo

Cabeza pequeña

Las cuatro **aletas** tenían forma de ala.

Einiosaurus

El Einiosaurus era pariente del Triceratops y tenía el tamaño de un rinoceronte. Se han hallado muchos fósiles de este dinosaurio en **yacimientos óseos**, lo que indica que vivía en grandes **manadas**.

Utilizaba los **pinchos** de la parte superior del volante para defenderse y exhibirse.

Gran volante

Cuerno curvado

96

Mosasaurus

Este **gigantesco** reptil vivía en el océano. Contaba con **aletas** planas que lo ayudaban a nadar y maniobrar cuando cazaba sus presas.

El Mosasaurus era la criatura más **mortífera** del agua y se alimentaba de otros reptiles marinos y peces grandes.

Empleaba sus afilados **dientes** para desgarrar y masticar.

Cuatro aletas

Su **aleta caudal**, como la de los tiburones, le ayudaba a nadar.

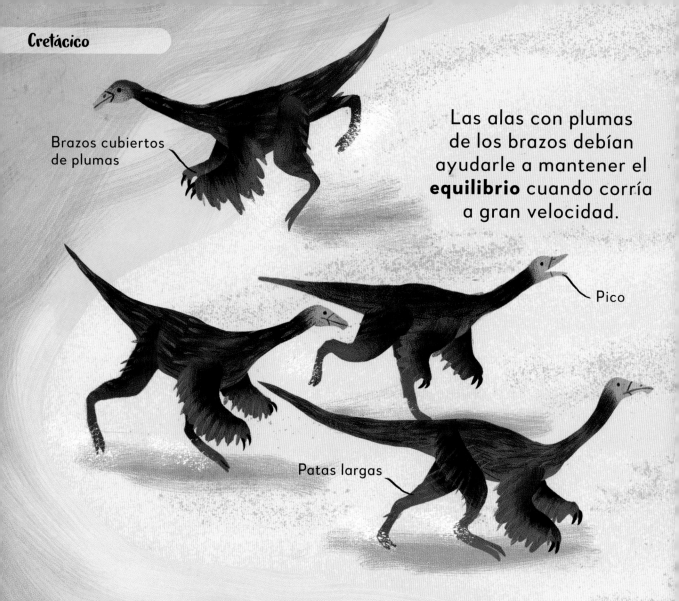

Brazos cubiertos
de plumas

Las alas con plumas
de los brazos debían
ayudarle a mantener el
equilibrio cuando corría
a gran velocidad.

Pico

Patas largas

Gallimimus

Este reptil se parecía ligeramente a un
avestruz. Era uno de los dinosaurios más
veloces, lo que le permitía escapar
del **peligro**.

98

Deinocheirus

Este dinosaurio de **aspecto curioso** era pariente de los carnívoros, pero se alimentaba solo de plantas. Empleaba sus grandes **garras** para bajar las ramas y arrancar las hojas.

Su **pico** de pato no tenía dientes.

Con la **joroba** de la espalda parecía más grande y debía de ahuyentar a los depredadores.

Garras largas

99

Uno de los dinosaurios carnívoros más grandes descubiertos en la India.

Dientes afilados

Brazos cortos

Patas fuertes

Indosuchus

Este depredador provisto de **dientes** contaba con unos brazos muy cortos. Tanto para luchar como para **morder** utilizaba sus enormes mandíbulas.

Cresta de la cabeza

Pico

¡Fiuuu!

Cuando andaba mantenía las **alas** plegadas.

Este pterosaurio, que era tan alto como una **jirafa**, necesitaba alimentarse bien. Comía incluso pequeños dinosaurios.

Quetzalcoatlus

Era un pterosaurio, o reptil volador, con la envergadura de un **avión** pequeño. Usaba su largo pico para **atacar** a sus presas, como las cigüeñas.

101

Pachycephalosaurus

Esta bestia debía de **embestir** a sus rivales para dejar claro quién era el más fuerte. Se alimentaba de plantas, pero quizá comiera también algo de carne.

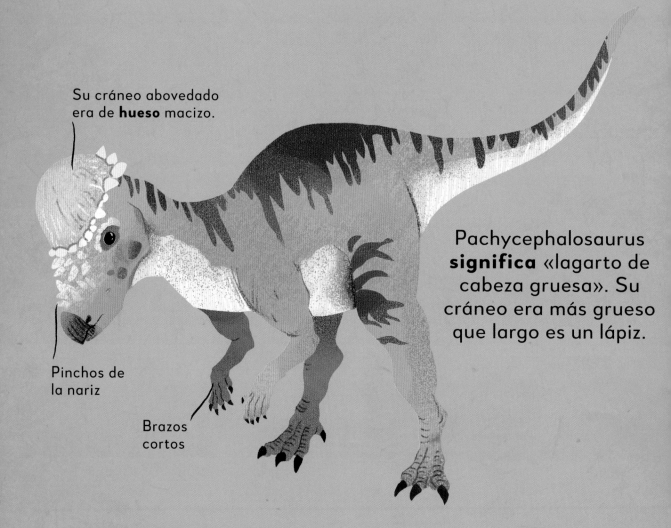

Su cráneo abovedado era de **hueso** macizo.

Pachycephalosaurus **significa** «lagarto de cabeza gruesa». Su cráneo era más grueso que largo es un lápiz.

Pinchos de la nariz

Brazos cortos

Un gran **volante** con pinchos le protegía el cuello.

Cuernos de los ojos

Cuerno nasal

Triceratops

Este dinosaurio, grande y pesado como un elefante, era un **megaherbívoro**. Tenía dos largos cuernos sobre los ojos y un cuerno nasal para defenderse.

¡Rooooooooar!

Su **mandíbula**, con más de 50 dientes trituraba huesos.

Sus cortos **brazos** tenían dos garras curvas.

Tyrannosaurus

El Tyrannosaurus, que **destrozaba** sus presas, era el más **letal** de los dinosaurios carnívoros. Este enorme depredador se atrevía incluso con el Triceratops.

¡Era el dinosaurio con la mordida más **poderosa**!

Sus fuertes **patas** sostenían su enorme peso.

Era cenozoica

Cenozoico significa «nueva vida».

Periodo paleógeno
Hace 66-23 MA

MA: millones de años

◄ Era mesozoica

El Cenozoico empezó hace 66 millones de años y es la era del dominio de los **mamíferos**, y la que vivimos hoy. Se divide en tres **periodos**.

Periodo neógeno

hace 23-2,6 MA

Periodo cuaternario

Hace 2,6 MA-presente

Titanoboa

Esta enorme serpiente existió hace unos 60 millones de años. Recorría los **pantanos** y comía peces, tortugas y cocodrilos, que se tragaba de un **bocado**.

Fue la serpiente más grande que ha existido.

Mandíbula enorme

Cuerpo largo

Dientes **curvados** hacia atrás.

108

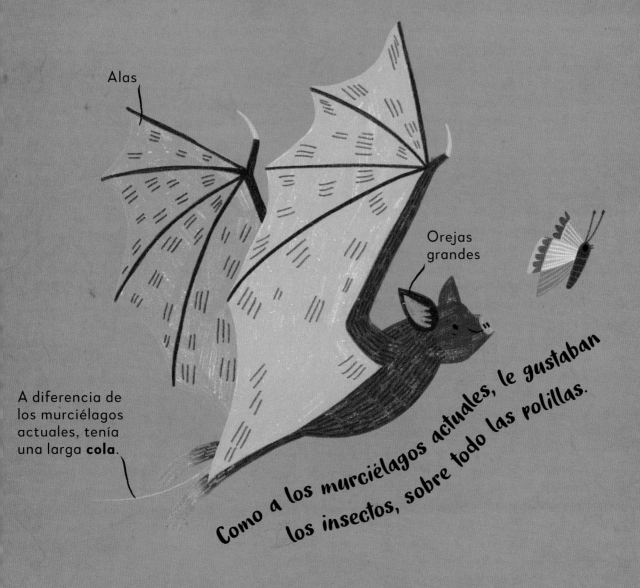

Alas

Orejas grandes

A diferencia de los murciélagos actuales, tenía una larga **cola**.

Como a los murciélagos actuales, le gustaban los insectos, sobre todo las polillas.

Icaronycteris

Con 52 millones de años, es el murciélago conocido más **antiguo**. Dormía durante el día, colgándose boca abajo de las ramas, y cazaba de **noche**.

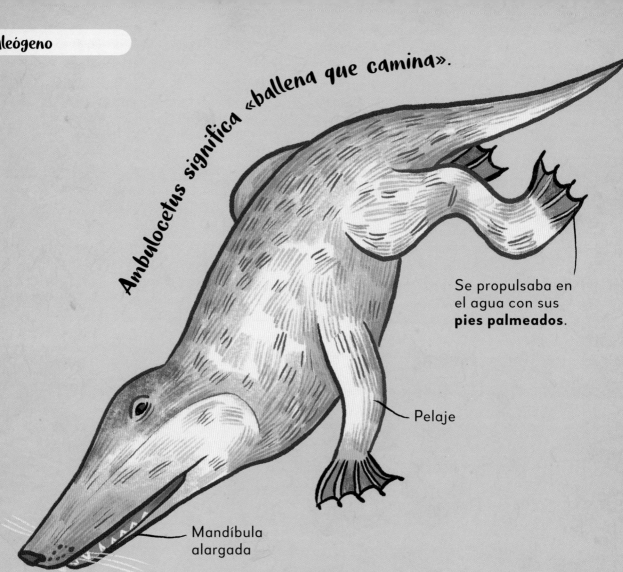

Ambulocetus significa «ballena que camina».

Se propulsaba en el agua con sus **pies palmeados**.

Pelaje

Mandíbula alargada

Ambulocetus

Este **mamífero** puede parecerse a un castor o un ornitorrinco, pero era un tipo primitivo de **ballena**. Nadaba en el agua y andaba en tierra firme.

110

Banksia archaeocarpa

Esta planta prehistórica está emparentada con las **flores silvestres** actuales de Australia. Los únicos fósiles encontrados son de las **piñas** que tenían sus semillas

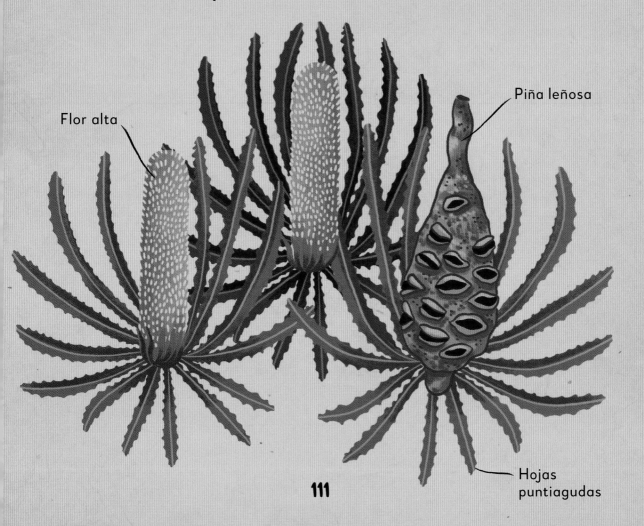

Flor alta

Piña leñosa

Hojas puntiagudas

Grandes ojos

Cola larga

Eosimias

Este mamífero **minúsculo** cabría en la palma de tu mano. Era un pariente primitivo de los monos y los simios, y **brincaba** por los árboles.

Mandíbulas
fuertes

Dientes
afilados

El Andrewsarchus
tenía **pezuñas** en
vez de garras.

Andrewsarchus

Esta bestia **dentuda** era pariente de los
hipopótamos y las ballenas. Se cree que es
el mamífero carnívoro más grande que ha
vivido en **tierra firme**.

Basilosaurus

Fue la primera ballena **gigantesca**.
Medía casi el doble de largo que un
autobús y vivía en el océano, donde
cazaba otras ballenas.

Tenía unas **patas
traseras** diminutas,
demasiado pequeñas
para poder andar.

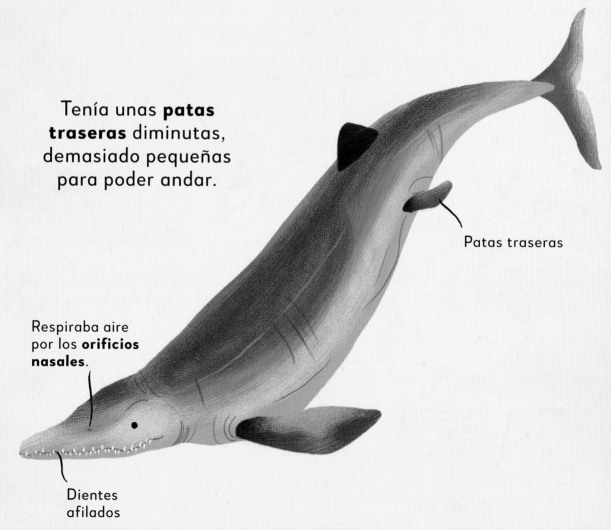

Patas traseras

Respiraba aire
por los **orificios
nasales**.

Dientes
afilados

114

Anthropornis

Este pingüino, más **alto** que muchos humanos adultos, debió de ser el más grande que ha existido. Como los actuales, vivía en tierra firme y cazaba en el **mar**.

Plumas impermeables

Tenía un **pico** puntiagudo más largo que el de los pingüinos actuales.

Pies palmeados

Llanos paleógenos

Durante el período Paleógeno, muchos animales **vivían** en amplias praderas. Con la desaparición de los grandes dinosaurios, los mamíferos tomaron el relevo y **dominaron** el mundo.

Uintatherium

El Uintatherium, parecido a un rinoceronte, tenía en la cabeza grandes **cuernos** rugosos.

El Gastornis era un **ave** gigante no voladora. Debía de alimentarse de frutas y semillas.

Gastornis

El clima del Paleógeno era mucho más cálido que el actual.

El Mesonyx era un mamífero parecido **al lobo** que tenía pezuñas. Es probable que cazara en manada.

Mesonyx

Este caballo primitivo tenía tres **dedos**. El del medio era el más grande.

Mesohippus

Cuello largo

Agarraba hojas con el **labio superior** prensil.

El Paraceratherium era un tipo de **rinoceronte** gigantesco sin cuernos. Existió hace unos 30 millones de años.

Tres dedos

Paraceratherium

Más alto que una jirafa y pesado como tres elefantes, fue el mamífero más **grande** de tierra firme. Comía las hojas de las **copas** de los árboles.

Palaeocastor

El Palaeocastor era un castor antiguo que excavaba madrigueras en **espiral**. En la base de cada espiral había una **cavidad** en la que vivía la familia entera.

Los fósiles de las madrigueras en espiral muestran que podían tener 3 m de **profundidad**.

El Palaeocastor usaba los **afilados dientes** para roer el suelo.

Cola corta

El Amphicyon derribaba a sus presas.

Cuerpo fuerte

Con sus **dientes** afilados desgarraba la carne.

Garras

Amphicyon

Parecía una **mezcla** entre un perro y un oso. Este mamífero carnívoro era un gran cazador con una potente mordida ideal para **triturar** huesos.

Megalodon

¡Este **imponente** tiburón era tres veces más largo que el gran tiburón blanco! Su mordida era **fortísima**, y engullía ballenas y otros peces.

Cola enérgica

Dientes enormes

121

Morro largo

Usaba sus **garras** curvas para recoger plantas y luchar con los depredadores.

Garras grandes

Tres **dedos** en cada pie

Chalicotherium

Este **curioso** mamífero era pariente del rinoceronte y el caballo. Tenía los brazos más largos que las patas y seguramente andaba sobre sus **nudillos**.

Platybelodon

El nombre de este animal, parecido al elefante, significa «**diente de pala**». Con sus colmillos inferiores planos arrancaba la corteza de los árboles y cortaba plantas **duras**.

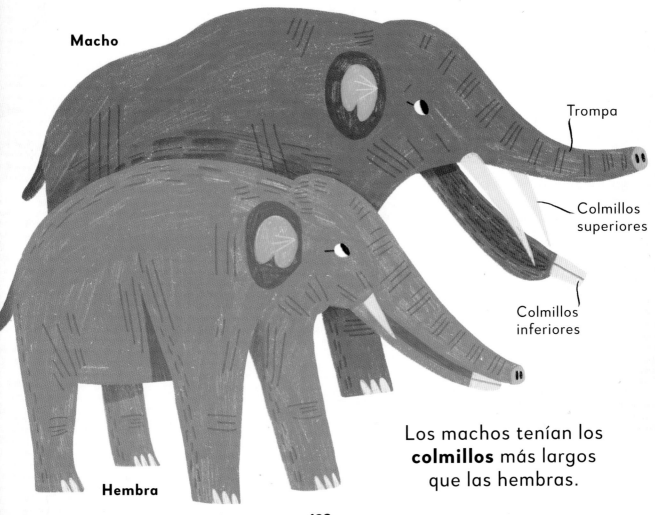

Macho

Trompa

Colmillos superiores

Colmillos inferiores

Hembra

Los machos tenían los **colmillos** más largos que las hembras.

Ceratogaulus

Este mamífero, apodado «**topo con cuernos**», era un roedor, como las ardillas y los ratones. Es el único roedor con **cuernos** que se conoce.

Dos cuernos

Ojos pequeños

Usaba los **cuernos** tanto para defenderse de sus atacantes como para exhibirse.

Se valía de sus afiladas **garras** para cavar en la tierra y hacer madrigueras.

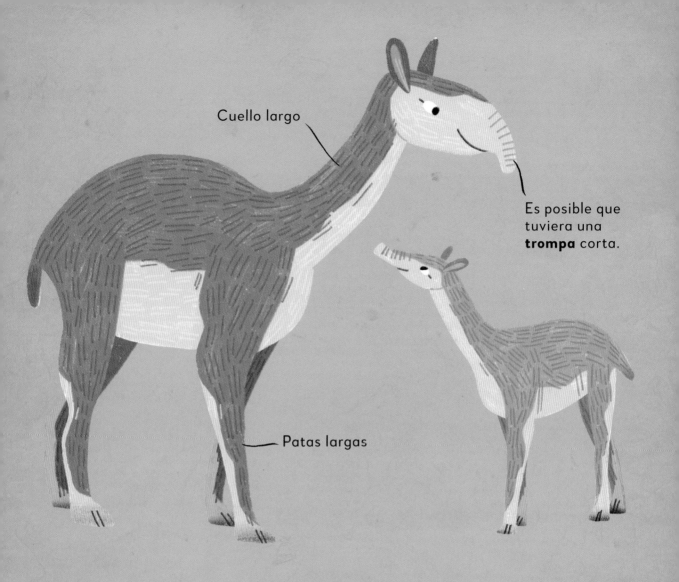

Cuello largo

Es posible que tuviera una **trompa** corta.

Patas largas

Macrauchenia

¿Era una **llama** o un camello? Este mamífero era pariente de los caballos. Con su **largo** cuello alcanzaba tanto la hierba como las hojas altas.

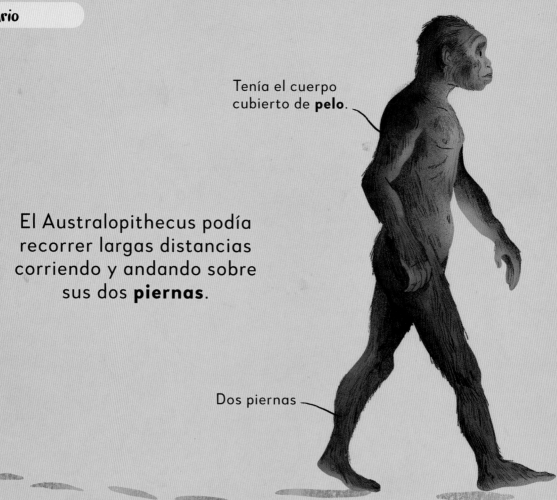

Tenía el cuerpo
cubierto de **pelo**.

El Australopithecus podía
recorrer largas distancias
corriendo y andando sobre
sus dos **piernas**.

Dos piernas

Australopithecus

El Australopithecus fue un pariente **primitivo**
de los humanos. Apareció hace unos 4 millones
de años y se desplazaba sobre dos piernas.
Incluso dejó **huellas** fósiles.

¡Fue un pariente de los armadillos del tamaño de un coche!

Caparazón duro

Cola blindada

Garras

Glyptodon

Un grueso caparazón abovedado formado por **placas** óseas protegía a este mamífero de los depredadores hambrientos. Se **extinguió** hace poco más de 10 000 años.

Smilodon

Este enorme felino se conoce también
como tigre dientes de sable por sus
dos caninos, que parecían **sables**.
Era un cazador temible.

Colmillos
enormes

Cola
corta

El Smilodon era un experto atacando por sorpresa. Se **abalanzaba** sobre su presa, la derribaba y finalmente le asestaba un mordisco mortal con sus colmillos.

Se alimentaba de mamíferos, como pequeños mamuts.

Los enormes **caninos** del Smilodon medían casi 30 cm de largo.

Garras

Thylacoleo

Era un mamífero **marsupial**, como los canguros y los koalas. Este **feroz** cazador tenía una potente mordida, tan fuerte como la de un león.

Llevaba a sus crías dentro de una cómoda bolsa.

Su larga **cola** le ayudaba a mantener el equilibrio.

Dientes afilados

Usaba la gran **garra del pulgar** como arma.

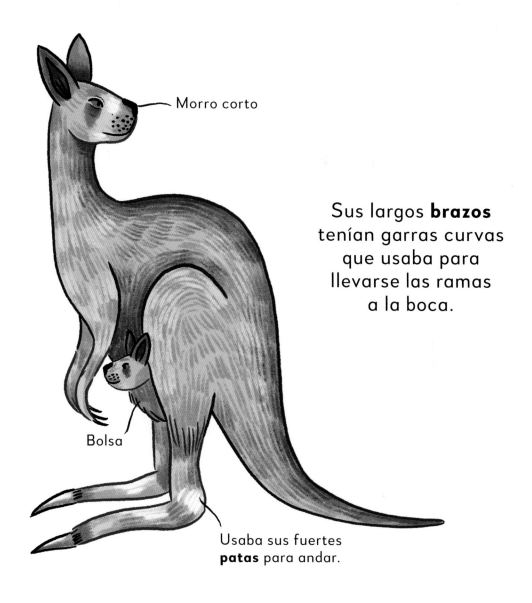

Morro corto

Sus largos **brazos** tenían garras curvas que usaba para llevarse las ramas a la boca.

Bolsa

Usaba sus fuertes **patas** para andar.

Procoptodon

Este canguro, alto como una puerta, es el más grande y **pesado** que ha existido. Era el triple de grande que el canguro vivo de mayor tamaño, así que no podía **saltar**.

Hocico corto

Cuerpo fuerte

Gracias a sus largas patas, era un veloz **corredor**.

Arctodus

El Arctodus fue el oso más grande que ha habido jamás. Erguido sobre sus patas traseras, era más **alto** que una persona. **Comía** de todo: carne, plantas y frutos.

Mylodon

Este gigante peludo era pariente de los **osos perezosos** actuales. Pero era demasiado grande para trepar a los árboles como hacen estos y vivía en **cuevas**.

Tenía el tamaño aproximado de un elefante.

Hocico largo

Pelaje tupido

Usaba las grandes **garras** para cavar en el suelo y para recoger frutos y hojas.

Diprotodon

Era pariente del wómbat y vivía en Australia. Es el **marsupial** más grande del que se tiene constancia. Los marsupiales son mamíferos que llevan las crías en una **bolsa**.

Cuerpo grande

Incisivos afilados

Todos los años, recorrían en manadas largas distancias, o **migraban**, en busca de alimento.

Bisonte ancestral

Antepasado directo del bisonte americano que vive actualmente en Norteamérica, era un herbívoro enorme que se alimentaba de hierba y **deambulaba** en grandes manadas.

Una gran **joroba** sostenía los fuertes músculos con los que sujetaba la enorme cabeza.

Grandes cuernos

Cuerpo fuerte

Mamut lanudo

De cuerpo voluminoso y grandes **colmillos**, podría confundirse con un elefante que llevara un abrigo de lana. Su pelo largo lo mantenía **caliente** cuando hacía frío.

El **pelaje** tenía tres capas diferentes.

Grandes colmillos

Trompa

Utilizaban sus enormes colmillos **curvados** para ahuyentar a los depredadores y luchar con otros mamuts. Eran tan fuertes que incluso servían para **excavar** la tierra y mover objetos pesados.

Aún había mamuts lanudos cuando los **antiguos egipcios** construyeron la Gran Pirámide de Guiza hace unos 4600 años.

Vivían en grandes manadas para protegerse.

En la estepa

En la Edad de Hielo, en algunas regiones del planeta hacía mucho más **frío** que hoy. La estepa estaba llena de **hierba** y en ella vivían todo tipo de mamíferos.

Para resguardarse del frío, vivía en **cuevas**.

León de las cavernas

Tenía un **cuerno** más largo que un bate de béisbol.

Rinoceronte lanudo

138

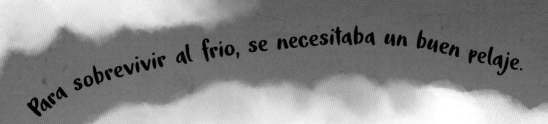

Para sobrevivir al frío, se necesitaba un buen pelaje.

El macho del ciervo gigante tenía enormes **astas**, que medían como cuatro puertas de ancho.

Ciervo gigante

Los humanos primitivos **cazaban** grandes herbívoros con armas de piedra.

Humanos primitivos

139

Glosario

aleta
Apéndice delgado y plano que se usa para nadar, como las de los peces o las ballenas.

antena
Apéndice delgado de la cabeza de un animal que usa para percibir.

caparazón
Revestimiento rígido y protector, como el de la tortuga.

colmillo
Diente puntiagudo y enorme, como el de los elefantes.

columna vertebral
Espina dorsal de un animal.

coraza
Capa o concha protectora que recubre a un animal, como las escamas duras de un caimán.

cresta
Parte de la cabeza y compuesta de piel, plumas o hueso, que se usa para exhibirse.

cuerno
Asta dura, a menudo curvada, que se encuentra en la cabeza de un animal, como en el rinoceronte.

depredador
Animal que se alimenta de otros animales.

escamas
Placas pequeñas y duras que recubren la piel de un animal.

espina
Pincho fino y afilado que sobresale de la piel o caparazón de un animal para protegerse.

extinto
Se dice de un animal o planta que ya no existe.

fósil
Restos o huellas de un animal o planta ancestral, a menudo preservados en la roca.

garra
Uña curvada del extremo de un dedo de la mano o el pie.

insecto
Animal pequeño con seis patas, como la hormiga o la mosca.

madriguera
Agujero o túnel excavado por un animal.

manada
Grupo grande de animales que viven juntos.

mandíbula
Parte móvil de la boca de un animal que le permite morder.

manglar
Área inundada llena de árboles y plantas.

nido
Estructura construida por un animal para poner sus huevos, como la que hacen los pájaros.

pezuña
Uña del pie grande y fuerte, como la de los cascos de los caballos.

pico
Parte dura y puntiaguda de la boca de un animal, que usa para coger el alimento.

pies palmeados
Pies con los dedos unidos por piel, como los de los patos, que facilitan el nado.

placa
Lámina de hueso situada en la espalda de un dinosaurio, como el Stegosaurus.

presa
Animal que es cazado por otro animal como alimento.

tentáculo
Miembro flexible parecido a un brazo que un animal usa para atrapar a sus presas y que tiene el sentido del tacto.

volante
Placa ósea que protegía el cuello de un dinosaurio, como el Triceratops.

Índice

Autor Dr. Dean Lomax
Ilustración Jean Claude, Kaja Kajfež,
Marc Pattenden, Sara Ugolotti

Edición del proyecto Olivia Stanford
Diseño Holly Price
Diseño adicional Sonny Flynn
Edición ejecutiva Marie Greenwood,
Jonathan Melmoth
Edición ejecutiva de arte Diane Peyton Jones
Diseño de cubierta Elle Ward
Coordinación de cubierta Magda Pszuk
Edición de producción Dragana Puvacic
Control de producción sénior Inderjit Bhullar
Subdirección de arte Mabel Chan
Dirección editorial Sarah Larter

De la edición en español:
Coordinación editorial Cristina Sánchez Bustamante
Asistencia editorial y producción Eduard Sepúlveda
Servicios editoriales Tinta Simpàtica
Traducción Ana Riera Aragay

Publicado originalmente en Gran Bretaña en 2023
por Dorling Kindersley Limited
DK, One Embassy Gardens, 8 Viaduct Gardens,
Londres, SW11 7BW
Parte de Penguin Random House

Copyright © 2023 Dorling Kindersley Limited
© Traducción española: 2024 Dorling Kindersley Limited

Título original: *The Bedtime Book of Dinosaurs
and Other Prehistoric Life*
Primera edición: 2024

ISBN: 978-0-7440-9400-8

Impreso y encuadernado en China

www.dkespañol.com

Agradecimientos

El Dr. Dean Lomax desea dedicar este libro a su amigo
y colega paleontólogo Jason Sherburn, y espera que
disfrute de su lectura junto a su sobrino. También quiere
agradecer la ayuda que le ha prestado Natalie Turner.

DK desea agradecer a: Rebecca Arlington y Kathleen
Teece por su asistencia editorial; Sif Nørskov por su
asistencia en el diseño; y Caroline Hunt por la revisión.

Los globos de paleografía se derivan de mapas originales
producidos por Colorado Plateau Geosystems Inc.

Todas las imágenes © Dorling Kindersley

MIXTO
Papel | Apoyando la
selvicultura responsable
FSC™ C018179

Este libro se ha impreso con papel
certificado por el Forest Stewardship
Council™ como parte del compromiso
de DK por un futuro sostenible.
Para más información, visita
www.dk.com/our-green-pledge